Votar es importante

¿Cómo vota la gente?

Kristen Rajczak Nelson Traducido por Ana María García

PowerKiDS press.

NEW YORK

Published in 2019 by The Rosen Publishing Group, Inc.
29 East 21st Street, New York, NY 10010

Translator: Ana María García
Editorial Director, Spanish: Nathalie Beullens-Maoui
Editor, Spanish: María Cristina Brusca
Editor, English: Elizabeth Krajnik
Book Design: Rachel Rising

Photo Credits: Cover, pp. 5, 21 Blend Images - Hill Street Studios/Brand X Pictures/Getty Images; Background, Cover, pp. 1, 3, 4, 6, 8, 10, 12, 14, 16, 18, 20, 22–24 PepinoVerde/Shutterstock.com; p. 7 asiseeit/E+/Getty Images; p. 9 iStockphoto.com/ertyo5; p. 11 Comstock Images/Stockbyte/Getty Images; p. 13 cmannphoto/E+/Getty Images; p. 15 iStockphoto.com/ YinYang; p. 17 Hero Images/Hero Images/Getty Images; p. 19 Lisa F. Young/ Shutterstock.com; p. 22 iStockphoto.com/InkkStudios.

Cataloging-in-Publication Data

Names: Rajczak Nelson, Kristen.
Title: ¿Cómo vota la gente? / Kristen Rajczak Nelson.
Description: New York : PowerKids Press, 2019. | Series: Votar es importante | Includes index.
Identifiers: LCCN ISBN 9781538333280 (pbk.) | ISBN 9781538333273 (library bound) | ISBN 9781538333297 (6 pack)
Subjects: LCSH: Voting--United States--Juvenile literature. | Elections--United States--Juvenile literature. | Political participation--United States--Juvenile literature.
Classification: LCC JK1978.R35 2019 | DDC 324.60973--dc23

Manufactured in the United States of America

CPSIA Compliance Information: Batch #CS18PK For further information contact Rosen Publishing, New York, New York at 1-800-237-9932.

Contenido

La importancia del voto

Uno de los deberes más importantes de un **ciudadano** estadounidense es votar. Votar es elegir de manera **oficial** a un líder para el Gobierno a través de un **voto**.

Se llama *elección* al acto por el cual un grupo de personas vota por un líder en un momento determinado. Hay elecciones para elegir a los líderes de las ciudades y estados, ¡además de elecciones para elegir al presidente de Estados Unidos!

5

Convertirse en elector

Para poder votar, una persona debe **registrarse** rellenando un impreso; para ello, debe ser ciudadano estadounidense y tener 18 años el día de las elecciones o haberlos cumplido anteriormente. También debe haber **residido** en su estado durante una cantidad de tiempo establecida por ese estado.

¿Todo el mundo puede votar?

Los electores deben registrarse para que los trabajadores de los **lugares de votación** puedan asegurarse de que nadie vote dos veces. No todos pueden registrarse para votar. Las personas que viven en Estados Unidos, pero que no son ciudadanos, no pueden votar en elecciones federales. En algunos estados, las personas que han cometido ciertos crímenes tampoco pueden votar.

VOTE AQUI

VOTE HERE

在这里投票

Unirse al partido

Cuando alguien se registra para votar, a menudo se afilia a un partido político. Los partidos políticos son grupos que comparten las mismas ideas sobre cómo se debe dirigir el Gobierno. Los dos partidos políticos principales en Estados Unidos son el demócrata y el republicano. Hay partidos políticos más pequeños llamados *terceros*.

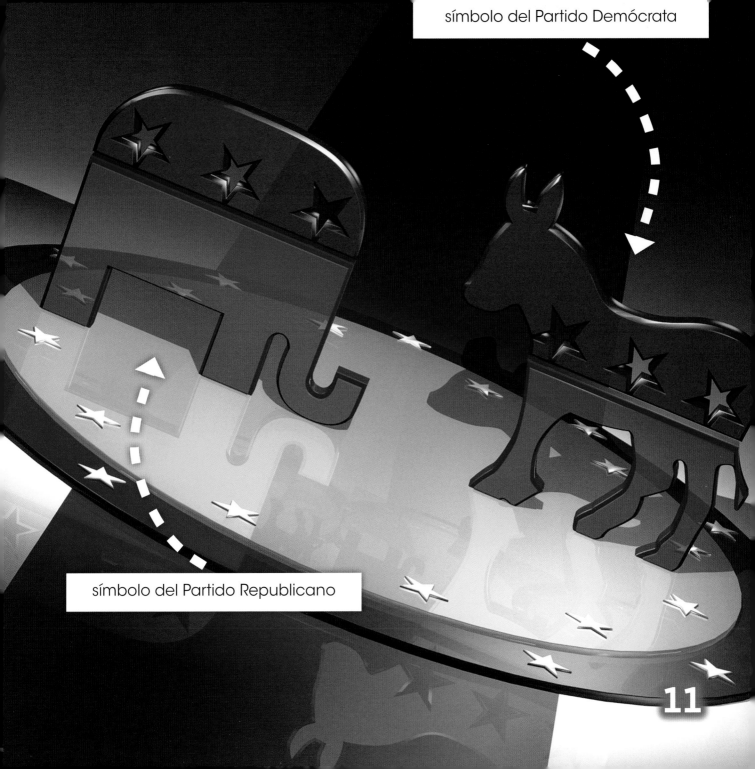

símbolo del Partido Demócrata

símbolo del Partido Republicano

Ser independiente

Las personas se afilian a los partidos políticos para mostrar su **apoyo** a las ideas de gobernación en las que creen. A veces, afiliarse a un partido político les permite votar en las llamadas elecciones **primarias**. También se puede ser independiente, es decir, no pertenecer a ningún partido político. En algunos estados, a los independientes no se les permite votar en las elecciones primarias.

Democrat

Republican

Independent

13

¿Dónde y cuándo?

Los electores deben saber dónde y cuándo se llevan a cabo las elecciones. Esta información puede llegarles por correo. Un elector también puede utilizar el sitio web de su ciudad o estado para saber la fecha y hora de votación.

Es importante que los electores sepan cuáles son los lugares de votación locales. Las iglesias, los centros comunitarios y las estaciones de bomberos suelen ser los elegidos.

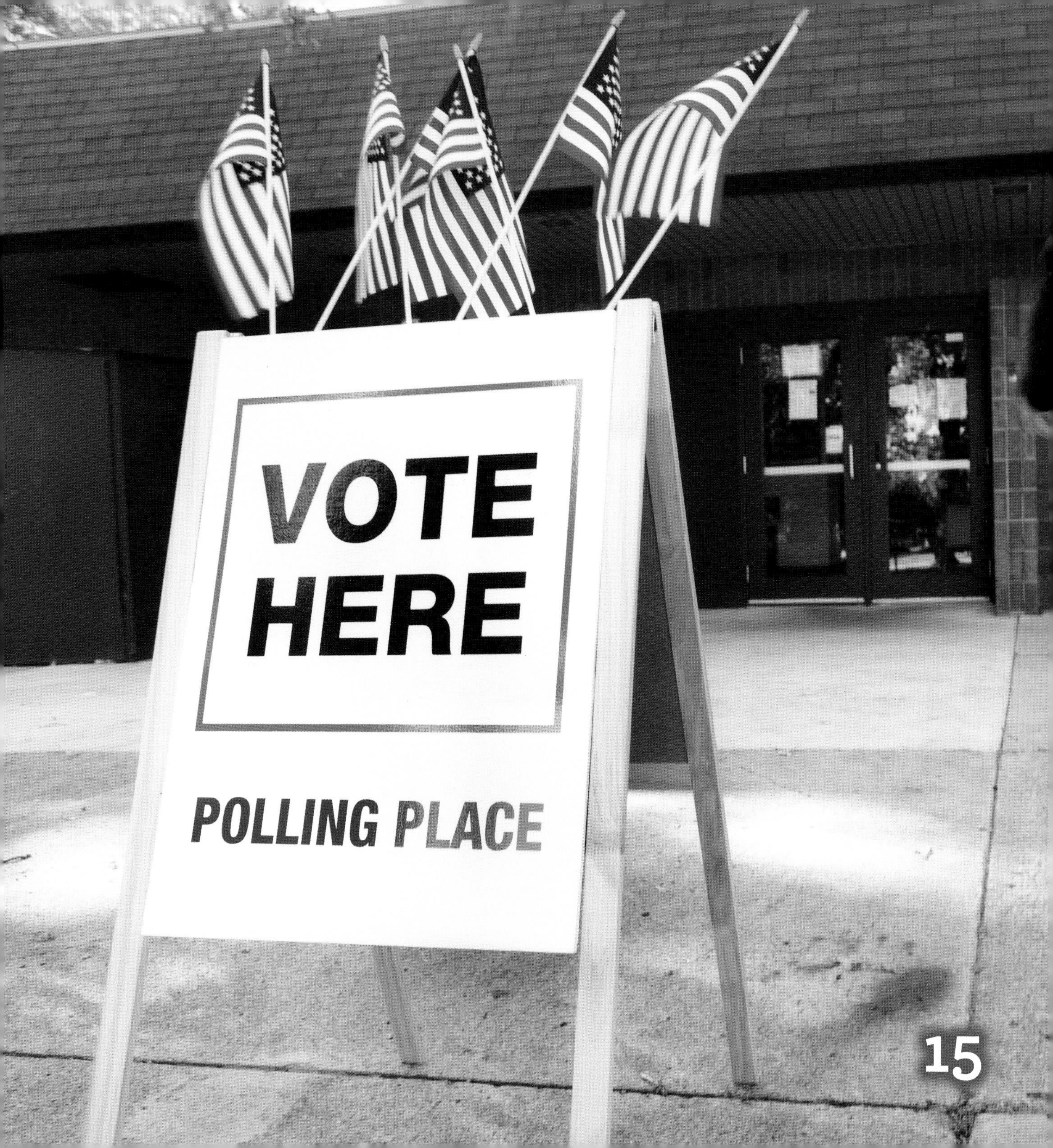
VOTE
HERE
POLLING PLACE

Identificarse para votar

En algunos lugares de votación, los electores deben mostrar a los integrantes de la mesa electoral la tarjeta de registro del elector. Es posible que necesiten mostrar otro tipo de documento, como el **ID**, que tenga su foto. Lo que cada elector necesita depende de cada estado. En algunos estados, a los electores no les hace falta presentar un *ID*, simplemente firman al lado de su nombre en un libro.

Elegir a un candidato

La forma de votar puede variar de un estado a otro. Algunos estados reparten **papeletas** y bolígrafos. Los electores rellenan un círculo al lado del nombre de su candidato. Las papeletas pueden ser contadas a mano o por una máquina. En otros estados, los electores utilizan un tipo especial de computadora para votar.

19

Votar a distancia

Algunos estados permiten que ciertas personas voten antes del día de las elecciones. Los miembros de las Fuerzas Armadas, algunos estudiantes universitarios y ciudadanos estadounidenses que vivan en otros lugares pueden enviar la denominada *papeleta de voto por correo*. Reciben su papeleta antes del día de las elecciones. La envían para que llegue en una fecha determinada y su voto cuente.

La voz de los electores

Independientemente de quién vote o desde dónde se vote, todos los votos se emiten en secreto y todos los votos se cuentan. La votación da a los ciudadanos de Estados Unidos una voz en su Gobierno. Los ciudadanos tienen la oportunidad de mostrarles a quienes estén en el poder qué ideas les preocupan, y votar por aquellos que defienden esas ideas.

Glosario

apoyo: el acto de mostrar que se está de acuerdo con alguien o algo.

ciudadano: una persona que vive en un país y tiene los derechos que le otorgan las leyes de ese país.

ID: en Estados Unidos, una tarjeta oficial o documento que contiene tu nombre y otros datos que te identifican.

lugar de votación: lugar adonde los electores acuden a votar.

oficial: reconocido por el Gobierno o alguien en el poder.

papeleta: papel en el que se emite el voto en las elecciones.

primarias: elecciones donde los miembros del mismo partido político se enfrentan entre sí para tener la oportunidad de participar en elecciones más amplias e importantes.

registrarse: poner tu nombre en una lista oficial.

residir/residido: vivir en un lugar. Persona que vive en un lugar.

voto: una manifestación pública o secreta de una preferencia ante una opción.

Índice

Sitios de Internet

Debido a que los enlaces de Internet cambian constantemente, PowerKids Press ha desarrollado una lista en línea de sitios de Internet relacionados con el tema de este libro que se actualiza regularmente. Utiliza este enlace para acceder a la lista: www.powerkidslinks.com/wvm/hdpv